CW01631527

LE CHINOIS DES AFFAIRES

Manon PIRONDEAU

SOMMAIRE

PARTIE II

PARTIE III

PARTIE IV

AVANT-PROPOS

Il sera question ici d'aborder l'approche interculturelle des affaires, indispensable pour toute personne désireuse d'entreprendre des activités commerciales à l'étranger. Bien que la Chine, cette nouvelle grande puissance économique, attire toujours plus d'hommes d'affaires du monde entier, les différences socioculturelles continuent fréquemment d'entraver la relation d'affaires entre les parties chinoise et occidentale. Une des premières démarches vers une compréhension commune relève de l'apprentissage de la langue. Cet ouvrage propose donc d'acquérir le langage économique et commercial chinois, le vocabulaire approprié et essentiel. En effet, s'adresser à un interlocuteur chinois dans sa propre langue suscitera son intérêt et sa confiance, conditions qui garantissent le succès de tout projet entrepris dans ce pays. Néanmoins, il est important, au préalable, que le lecteur appréhende les comportements, modes de pensée, protocoles ou encore les caractéristiques du marché afin qu'il soit en mesure d'établir une relation porteuse d'avenir et de collaboration et puisse envisager plus sereinement son futur voyage d'affaires en Chine.

➢ Les *guānxi*, le réseau de relations

L'élément fondamental et omniprésent dans les rapports d'affaires chinois se rapporte à la notion de confiance. En effet, en Chine, la distinction entre relations personnelles et relations d'affaires est faible, voire inexistante. Aucun accord ne sera envisageable avec votre interlocuteur chinois sans que vous n'ayez auparavant construit des liens étroits, gagné la confiance et le respect de ce dernier. Dans ce but, vous serez fréquemment invité à participer à toutes sortes d'activités pendant lesquelles les affaires ne seront pas nécessairement abordées. Il s'agit généralement d'un repas au restaurant ; néanmoins une visite de la ville ou encore une séance de karaoké peuvent également être proposées. Ainsi, toute négociation ou obtention d'un accord, d'un contrat avec un partenaire chinois prend du temps. Il est d'ailleurs possible que plusieurs voyages en Chine doivent être effectués avant d'arriver à un arrangement. Même si vous communiquez à distance depuis longtemps avec votre interlocuteur chinois, une première entrevue ou un premier séjour aboutissent rarement à la conclusion d'un contrat. Cependant, les bénéfices d'une telle relation sont multiples : elle durera dans le temps (un premier accord sous-entend de nombreux autres à venir ou même l'exclusivité), elle minimise les risques stratégiques et opérationnels et, surtout, sera l'objet du phénomène « bouche à oreille ». C'est sur l'importance des notions de confiance et de respect que se base le concept chinois complexe appelé *guānxi*[1], c'est-à-dire un réseau de relations, contacts ou liens sociaux, capital relationnel et social. Au cœur de l'activité économique et commerciale, il se traduit par des buts ou des intérêts communs, non personnels, ainsi que par une réciprocité des services donnés et rendus. Les *guānxi* peuvent se rapporter aux membres du gouvernement local ou central, investisseurs, partenaires, fournisseurs, distributeurs mais également aux membres du personnel dont on est en charge. L'expression couramment utilisée « Zǒu Hòu Mén » (entrer par la porte de derrière) reflète bien cette perception particulière de la relation d'affaires.

---

[1] Références bibliographiques :
- *Explaining Guanxi The Chinese Business Network,* 2006, SO Lun, WALKER. A.
- *"Guanxi" and relational capital : eastern and western approaches to manage strategic intangible resources,* Dr. Ordóñez de Pablos. P.

Reste à savoir comment établir une relation basée sur la confiance et le respect.

Commençons par une évidence, à savoir l'intérêt et la curiosité portés à la culture, aux coutumes chinoises. Ainsi, comme il en a été question précédemment, s'exprimer dans la langue chinoise forcera toujours la sensibilité, l'amusement, l'admiration et le respect de votre partenaire chinois.

➢ Se comporter avec respect, ne pas faire perdre la face

Parmi les spécificités chinoises relatives au comportement et aux modes de pensée, la notion de « perdre la face » (diu miànzi) / « sauver la face » (bǎoquán miànzi) est une des plus difficiles à appréhender. Elle peut s'expliquer par le fait que les Chinois portent beaucoup d'attention à l'estime de soi, à l'attitude et au point de vue d'autrui. Elle consiste essentiellement à ne pas porter atteinte à l'honneur, au prestige ou à la réputation de son prochain et à ne pas l'embarrasser. Formuler des critiques ou réponses négatives directes, refuser catégoriquement de répondre à une question représentent des exemples d'attitudes qui pourraient avoir des implications désastreuses sur votre relation d'affaires. Les notions de courtoisie et de politesse dépendent de valeurs qui diffèrent d'un pays à l'autre. Ainsi, ne vous offusquez pas si l'on vous interroge fréquemment sur des sujets que vous considérez comme personnels, tel que votre âge, votre situation maritale, le montant de votre salaire… Les questions se rapportant à l'argent ne constituent pas une gêne et sont souvent posées avec une grande franchise. A l'inverse, vous serez confronté à la réticence des Chinois à répondre défavorablement ou par la négative à une question. Attendez-vous à ne jamais entendre de « non » ou « je ne sais pas » à vos interrogations. Apprenez à déchiffrer les nombreux détours utilisés qui en auront le sens, cela vous évitera beaucoup de malentendus.

➢ Se présenter

Certaines différences de comportement tant dans le milieu des affaires que dans la vie quotidienne pourront paraître contradictoires. Ainsi, si la promiscuité est de mise entre des individus qui ne se connaissent pas (on se bouscule et on se double dans les files d'attente, on intervient dans la discussion à l'autre bout de la table ou à une autre table dans un restaurant), les Chinois demeurent peu tactiles. Ils se contentent notamment de hocher la tête pour se saluer, bien que se serrer la main ne soit pas inhabituel chez les intellectuels, les étudiants ou encore les hommes d'affaires, et à plus forte raison si l'un d'entre eux est occidental. La meilleure façon de se présenter dans le milieu des affaires, comme dans la vie courante, consiste à tendre sa carte de visite avec ses deux mains en inclinant la tête. La carte de visite (míngpiàn) est une véritable institution en Chine. Elément indispensable, il est inconcevable d'envisager un voyage d'affaires sans en emporter avec soi, voire d'en faire traduire sur place en chinois sur le verso.

➢ Négocier

Fidèles à leur réputation de grands commerçants, la négociation et le marchandage occupent une place importante dans la vie des Chinois. Envisagez-les comme un moyen d'échange, de créer des liens, de prouver votre motivation. Il n'est pas rare que la partie chinoise continue les négociations même après la signature du contrat. L'impatience, l'exigence de délais relèvent de l'impolitesse en Chine, et tout particulièrement dans le milieu des affaires. Le don de son temps est associé à un esprit généreux, respectueux, et la lenteur des prises de décision peut s'opposer à la notion occidentale d'efficacité, d'autant plus que les décisions sont généralement collectives et non individuelles. A ce sujet, il est important de préciser que vous serez sûrement amené à rencontrer beaucoup plus de personnes que vous ne vous y attendiez. Adressez-vous à ces dernières avec le même respect, la position hiérarchique dans le secteur privé comme public étant difficilement identifiable. En outre, l'instauration d'une relation de confiance prévalant sur tout autre mode d'engagement, la signature d'un contrat peut ne pas être effectuée en présence du décideur.

➢ Le dîner d'affaires

Enfin, quelques précisions sur le déroulement d'un dîner d'affaires en Chine vous permettront de concevoir avec sérénité cette étape quasi inévitable de l'établissement de relations d'affaires. Il est de coutume que les convives, souvent nombreux, attendent que l'hôte commence à manger ou à boire avant de participer. Manger bruyamment et répandre os et nourriture sur la nappe ne sont pas perçus comme un manque de délicatesse, mais au contraire comme une preuve que l'on aime son repas. Il sera très apprécié que vous utilisiez des baguettes ; elles ne se posent jamais sur le bol, signe de mauvais augure, et encore moins plantées dedans à la verticale, disposition rappelant les rituels mortuaires. Tout au cours du dîner, vos partenaires chinois vous inviteront régulièrement à porter un toast (santé se dit « gānbēi » en chinois). Réelle tradition, boire tous ensemble en même temps symbolise la création de liens de confiance et de respect ; inutile de préciser que refuser sera considéré comme une atteinte à la bonne entente. De la même manière, les Chinois proposent systématiquement à leurs interlocuteurs une cigarette avant de fumer ; vous leur ferez extrêmement plaisir, si vous êtes également fumeur, en l'acceptant comme un présent et en en offrant à votre tour. A la fin du repas, en votre qualité d'invité, votre hôte préférera régler l'addition même si vous vous y opposez. Les pourboires ne sont généralement pas d'usage.

INTRODUCTION

➢ Prononciation et phonétique

La particularité de la langue chinoise réside dans son système d'écriture en caractères, également appelés sinogrammes, et dans la nature tonale de sa langue orale. L'écriture n'étant ni alphabétique ni phonétique, on peut dire que les langues écrite et parlée en chinois sont dissociées. Si cette particularité peut paraître comme un désavantage aux apprenants, elle est néanmoins à l'origine même de la conservation des dialectes en Chine. En effet, une seule écriture existe en Chine pour plusieurs langues, dont notamment le mandarin (hànyǔ), le cantonais (yuè) ou le shanghaien (hù). Le mandarin est la langue officielle de la Chine, Taiwan et Singapour, et la plus utilisée, raison pour laquelle on l'appelle également pǔtōnghuà, c'est-à-dire « langue commune ». La transcription phonétique en écriture latine, appelée pin yin (拼音 « épeler les sons »), est le système le plus répandu aujourd'hui pour apprendre le chinois. Les apprenants doivent au préalable se familiariser avec les règles concernant l'utilisation du pin yin afin de connaître la prononciation correcte des caractères. Il est important de préciser ici que les Chinois n'écrivent jamais avec la transcription pin yin, voire ne la connaissent pas, parce qu'elle ne suffit pas, sans la correspondance en caractères, à comprendre la signification d'un mot.

La transcription pin yin : les règles à connaître

A : se prononce comme en français
Ai : comme dans « **ail** »
Ia : comme dans « v**ia** »
An : comme dans « **âne** »
Le **n** se prononce toujours après une voyelle, sauf s'il est suivi d'un **g**, la prononciation est alors comme en français.
Ang : comme dans « g**ang** »
Exceptions : **Ian** et **Yan** : le **a** se prononce **è** comme dans « **tienne** »

E : se prononce comme en français

Ei : comme dans « gros**eille** »

Er : comme dans « h**eure** »

Eng : proche du **ang**, comme dans « g**ang** »

Exceptions : avant un **n** : se prononce **è**

En : comme dans « m**ène** »

Ien : comme dans « t**ienne** »

après **y**, **i** , **u** : se prononce **é**

Ye et **Ie** : comme dans « pl**ié** »

Ue et **Üe** : comme dans « l**oué** » et « b**uée** »

I : se prononce comme en français

In : comme dans « m**ine** »

Ing : comme dans « p**ing**-pong »

Iang : comme dans « y**ang** »

Exceptions : après les **c, ch, s, sh, z, zh, r** : le **i** se prononce **e**. Ainsi, c**e** et c**i**, **ze** et **zi** ou encore **re** et **ri** se prononcent pareil.

O : se prononce comme en français

Ou : se prononce également **o** comme dans « métr**o** »

Ong : comme dans « ping-p**ong** »

U : se prononce **ou**

Ua : comme dans « f**oi** »

Uai : comme dans « t**ouaille** »

Uan : comme dans « Ant**oine** »

Ui : comme dans « **oui** »

Uo : comme dans « **Douau**mont »

Un : le son **e** s'intercale entre le **ou** et le **n** : **oue-n'**

Exceptions : après **j, q, x, y,** le **u** se prononce **u** comme en français ; le **u** après le **i** se prononce **o** : comme dans « R**io** »

Ü : se prononce comme le **u** français

Üe : comme dans « b**uée** »

Ün : comme dans « l**une** »

B se prononce presque comme le **P**

P se prononce **P**, aspiré

D se prononce presque comme le **T**

T se prononce **T**, aspiré

G se prononce presque comme le **K**

K se prononce **K**, aspiré

J et **Q** : **j** se prononce **tj**, non aspiré
q a une prononciation entre le **ts** et le **tch**, aspiré

Z et **C** : **z** se prononce **dz**, non aspiré
c se prononce **ts**, aspiré

Zh et **Ch** : **zh** se prononce **dj**, non aspiré
ch se prononce **tch**, aspiré

H : se prononce comme un **r** français aspiré (comme la jota espagnole)

R : se prononce **j** comme dans « **j**ouet »

S : se prononce comme le **s** français, comme dans « **s**oi »

Sh : se prononce **ch** comme dans « **ch**ien »

X : se prononce entre le **s** et le **ch**

W : se prononce **ou**

Les combinaisons syllabiques

	a	**o**	**e**	**i**	**ai**	**ei**
b	ba	bo		bi	bai	bei
p	pa	po		pi	pai	pei
m	ma	mo	me	mi	mai	mei
f	fa	fo				fei
d	da		de	di	dai	dei
t	ta		te	ti	tai	
n	na		ne	ni	nai	nei
l	la		le	li	lai	lei
g	ga		ge		gai	gei
k	ka		ke		kai	
h	ha		he		hai	hei
j				ji		
q				qi		
x				xi		
z	za		ze	**zi**	zai	zei
c	ca		ce	**ci**	cai	
s	sa		se	**si**	sai	
zh	zha		zhe	**zhi**	zhai	zhei
ch	cha		che	**chi**	chai	
sh	sha		she	**shi**	shai	shei
r			re	**ri**		

	ao	**ou**	**an**	**en**	**ang** **eng**	**ong**
b	bao		ban	ben	bang	
p	pao	pou	pan	pen	pang	
m	mao	mou	man	men	mang	
f		fou	fan	fen	fang	
d	dao	dou	dan	den	dang	dong
t	tao	tou	tan		tang	tong
n	nao	nou	nan	nen	nang	nong
l	lao	lou	lan		lang	long
g	gao	gou	gan	gen	gang	gong
k	kao	kou	kan	ken	kang	kong
h	hao	hou	han	hen	hang	hong
j						
q						
x						
z	zao	zou	zan	zen	zang	zong
c	cao	cou	can	cen	cang	cong
s	sao	sou	san	sen	sang	song
zh	zhao	zhou	zhan	zhen	zhang	zhong
ch	chao	chou	chan	chen	chang	chong
sh	shao	shou	shan	shen	shang	
r	rao	rou	ran	ren	rang	rong

	ia	iao ie	iu	ian ing	in	iang	iong
b		biao		bian	bin		
p		piao		pian	pin		
m		miao	miu	mian	min		
f							
d		diao	diu	dian			
t		tiao		tian			
n		niao	niu	nian	nin	niang	
l	lia	liao	liu	lian	lin	liang	
g							
k							
h							
j	jia	jiao	jiu	jian	jin	jiang	jiong
q	qia	qiao	qiu	qian	qin	qiang	qiong
x	xia	xiao	xiu	xian	xin	xiang	xiong
z							
c							
s							
zh							
ch							
sh							
r							

	u	ua uai	uan un uo	ui	uang
b	bu				
p	pu				
m	mu				
f	fu				
d	du		duan	dui	
t	tu		tuan	tui	
n	**nu**		*nuan*		
l	**lu**		luan		
g	gu	gua	guan	gui	guang
k	ku	kua	kuan	kui	kuang
h	hu	hua	huan	hui	huang
j	**ju**		**juan**		
q	**qu**		**quan**		
x	**xu**		**xuan**		
z	zu				
c	cu				
s	su				
zh	zhu	zhua	zuan	zui	
ch	chu		cuan	cui	
sh	shu	shua	suan	sui	zhuang
r	ru		zhuan	zhui	chuang
			chuan	chui	shuang
			shuan	shui	
			ruan	rui	

En gras : le i **qui se prononce** e (**pour les autres** : i), **le** u **qui se prononce** u (**pour les autres, on prononce** ou), n **et** l **pouvant être suivi d'un** u (**se prononce** : ou) **et d'un** ü (nü **et** lü **se prononcen**t : u).
En italique : n **ne peut être suivi que de** uan **et** uo, **mais pas de** un.
Ne sont pas dans le tableau les combinaisons : nüe, lüe, jue, que, xue.

Les tons

Le chinois est une langue tonale à quatre tons (ou intonations de la voix). Chaque morphème possède un des quatre tons. Néanmoins certains, peu nombreux, n'en possèdent pas ou sont neutres. On les prononce alors dans la continuité du ton du morphème précédent.
L'accent tonal se place généralement sur la première voyelle (le **y** n'est pas considéré comme une voyelle), sauf dans le cas où il y a plus d'une voyelle et que la première voyelle est un **i**, un **u** ou un **ü**. L'accent tonal se place alors sur la deuxième voyelle.
Le ton ne se rapporte pas seulement à la voyelle concernée mais à l'ensemble du morphème. Chaque morphème possède de nombreux homophones, ils se distinguent à l'oral uniquement par le ton, et à l'écrit

par un caractère différent. Cette caractéristique de la langue chinoise peut paraître complexe aux apprenants ; or, si une concentration constante sur les tons s'avère nécessaire, ils sont facilement assimilables par simple mimétisme. Avec un peu d'habitude et une bonne oreille, on parvient en effet à utiliser correctement les quatre tons des mots appris sans s'en rendre compte.

Comment prononcer les quatre tons ?

Le premier ton est signalé ainsi : **jī** (poulet).
C'est le ton haut. C'est le plus haut des quatre et le seul à être plat, c'est-à-dire qu'il commence et se termine sur la même intonation.

Le deuxième ton est signalé ainsi : **jí** (impatient).
C'est le ton ascendant. Il commence à une intonation moyenne (mi-haut mi-bas) et se termine haut, c'est-à-dire au même niveau que le 1er ton.

Le troisième ton est signalé ainsi : **jǐ** (combien).
C'est le ton descendant-ascendant. Il commence à une intonation moyenne, descend brièvement très bas puis remonte. Il s'arrête néanmoins à une intonation moins haute que les 1er et 2e tons.

Le quatrième ton est signalé ainsi : **jì** (se rappeler). C'est le ton descendant. Très bref, il commence haut (comme le 1er ton) et se termine bas (au même niveau que le 3e ton avant qu'il ne remonte).

Lorsque deux caractères au 3e ton se suivent, le ton du premier caractère se transforme en 2e ton. Ainsi, 你好 nǐ hǎo se prononcent : ní hǎo.
Un caractère au 3e ton se transforme également lorsqu'il est suivi d'un caractère au 1er, au 2e ou au 4e ton : il perd sa partie ascendante pour ne conserver que sa partie descendante.
Lorsque le caractère 一, qui se prononce au 1er ton (yī), est suivi d'un caractère au 4e ton, il se transforme au 2e ton. Lorsqu'il est suivi d'un caractère au 1er, au 2e ou au 3e ton, il se transforme en 4e ton. Par exemple, 一个 yī gè se prononcent : yí gè.
一张 yī zhāng, 一瓶 yī píng, 一点 yī diǎn se prononcent : yì zhāng, yì píng, yì diǎn.

➢ Méthodologie et règles de grammaire fondamentales

Les règles de grammaire qui sont présentées ici doivent être assimilées avant d'aborder chaque thématique.

La formation des caractères et des mots

Les caractères chinois ne correspondent pas à des mots mais à des morphèmes, soit une unité de son (syllabe) possédant une signification. C'est l'association d'un morphème avec un autre qui compose un mot, et les différentes combinaisons possibles constituent la richesse du vocabulaire. Les morphèmes ou caractères sont le plus fréquemment associés par deux, mais ils peuvent également l'être par trois ou quatre pour les proverbes (chéngyǔ). Un même morphème peut être utilisé seul ou associé à différents autres morphèmes. L'association des caractères se base généralement sur un raisonnement logique, une association d'idées. Par exemple, lorsque le morphème 车 (chē) qui signifie « véhicule » est combiné au morphème 火 (huǒ) signifiant « feu », on obtient le mot « train » : 火车 (huǒchē). Et si l'on associe le morphème du « véhicule » au morphème 汽 (qì) signifiant « vapeur », on obtient le mot « voiture » : 汽车 (qìchē). De la même manière, lorsque l'on associe 汽车 à 公共 (gōnggòng, qui signifie « public, commun »), on obtient le mot « autobus » : 公共汽车 (gōnggòngqìchē). Les combinaisons ne sont limitées ni par le nombre ni par la classe grammaticale des morphèmes.

Dans la plupart des cas, les deux morphèmes s'inscrivent dans une relation de déterminé / déterminant, le premier morphème déterminant le deuxième, excepté lorsque les deux morphèmes sont synonymes, homonymes ou encore lorsqu'un même morphème est redoublé. Prenons l'exemple du mot « avion » 飞机 (fēijī), 飞 signifie « voler » et 机 signifie « appareil ». De la même manière, « transport par avion » se dit 空运 (kōngyùn), avec 空 qui signifie « air » et 运 qui signifie « transport ». Dès la première leçon, vous étudierez le mot « industrie » 工业, formé des caractères 工 (gōng) et 业 (yè) qui possèdent tous les deux le sens de « industrie ». Le mot « taille, dimension » 大小 (dàxiǎo) se construit en combinant les caractères 大 qui signifie « grand » et 小 qui signifie « petit ». En ce qui concerne les morphèmes redoublés, on peut citer le mot « merci », 谢谢 (xièxiè), ou encore tous les noms désignant les membres de la famille (妈妈 māma : « maman », 爸爸 bàba : « papa », etc.).

Une des difficultés pour deviner le sens d'un mot composé de plusieurs caractères relève du fait qu'un même morphème peut posséder plusieurs significations différentes. Par exemple, le caractère 量 (liàng) signifie « qualité » mais aussi « quantité ». Ainsi, vous retrouverez ce caractère dans le mot « qualité »

质量 (zhíliàng) ou dans d'autres mots dont le sens se rapporte également à la notion de qualité. Dans les expressions « en gros, en série » 批量 (pīliàng) et « production en série » 批量生产 (pīliàng shēngchǎn), il a le sens de quantité.

Les mots, quelle que soit leur catégorie, sont invariables en genre et en nombre. Les verbes ne se conjuguent donc pas. Ainsi, le pluriel ou le temps de l'action par exemple doivent être explicitement mentionnés, par le biais d'adjectifs numéraux, de pronoms indéfinis ou d'indicateurs temporels.
La catégorie des mots n'est pas toujours bien définie. Ainsi, un même caractère peut être à la fois nom et verbe, à la fois verbe et préposition, etc. Par exemple, dans la 1re leçon, vous rencontrerez le mot 销售 (xiāoshòu) qui signifie « vendre » et « vente ». De la même manière, le mot 计划 (jìhuà) signifie « projeter » et « projet ».

Les caractéristiques des différentes catégories de mots

Le groupe nominal

- ***Les pronoms personnels et les pronoms possessifs***

Je	我	wǒ
Tu	你	nǐ
Il / elle	他 / 她	tā
Vous de politesse	您	nín

Pour le pluriel, il suffit d'ajouter le suffixe 们 men : 我们 (wǒmen) / 你们 (nǐmen) / 他们 (tāmen).

Les pronoms possessifs se forment sur les pronoms personnels auxquels on ajoute la particule structurale 的 (de), sauf dans les cas où la relation de possession est évidente, comme pour les membres de la famille.

Mon, le mien, à moi	我的	wǒ de
Vos, votre, vôtre	你们的	nǐmen de
Mon livre	我的书	wǒ de shū
Mon grand frère	我哥哥	wǒ gēgē

Notre entreprise	我们　的 公司 ou 我们公司 wǒmen de gōngsī
Ma carte de visite	我的名片 wǒde míngpiàn

• ***Les pronoms démonstratifs et les pronoms interrogatifs***

Celui-ci / celle-ci / ceux-ci	这	zhè
Celui-là	那	nà
Combien (petite unité)	几	jī
Combien (petite et grande unités)	多少	duōshǎo

• ***Les adjectifs numéraux***

1	一	yī	6	六	liù
2	二	èr	7	七	qī
3	三	sān	8	八	bā
4	四	sì	9	九	jiǔ
5	五	wǔ	10	十	shí

Voir la liste entière au chapitre II.

• *Le nom et ses classificateurs*

Les noms peuvent être formés à partir de verbes ou d'adjectifs verbaux par le biais de suffixes. Les plus connus sont 者 (zhě), qui désigne une personne qui accomplit une action, et 员 (yuán), qui désigne une activité commune.

Exemples :

Acheteur	采购员	căigòuyuán (采购 : acheter)
Vendeur	售货员	shòuhuòyuán (售货 : vendre)
Vieillard	老者	lăozhě (老 : vieux)

Le nom n'est pas précédé d'un article et le verbe, ne se conjuguant pas, ne peut apporter d'indication sur son nombre. Généralement, seul l'adverbe 都 (dōu) qui signifie « tous », obligatoirement placé avant le verbe lorsque le sujet est pluriel, permet d'identifier le nombre du nom. Ainsi, un même nom sujet s'écrit de manière identique selon qu'il est singulier ou pluriel. Seule la présence ou non de 都 dans la phrase, indique son nombre.

Néanmoins, les noms sont, dans la langue chinoise, identifiés et classés selon des classificateurs, également appelés spécificatifs. Les classificateurs indiquent la catégorie à laquelle appartient le nom ou l'angle sous lequel il est envisagé. Le classificateur est obligatoire dans trois cas : lorsque le nom est précédé d'un pronom démonstratif, interrogatif ou numéral. Il faut ajouter à ces trois catégories de mots qui nécessitent la présence d'un classificateur, les cas particuliers 每 (měi), 上 (shàng) et 下 (xià) qui signifient « chaque », « précédent » et « suivant ».

Le classificateur se place entre les pronoms et le nom. Il est important de bien connaître les classificateurs pour se faire comprendre car, selon le classificateur utilisé, on peut par exemple vous servir un verre ou une bouteille de la boisson que vous commandez. En outre, en présence d'un classificateur, le nom peut être omis, notamment dans le langage parlé.

Voici quelques classificateurs que vous rencontrerez dans cet ouvrage :

个 gè : classificateur général, pour les objets comme les personnes, mais il ne remplace pas tous les classificateurs ;

家 jiā : rassemblement structuré de personnes (magasin, entreprise, cinéma, famille) ;

批 pī : un lot de ;

些 xiē : indique un pluriel indéterminé ;

封 fēng : objets scellés (lettre, e-mail) ;

位 wèi : personne, formule de politesse ;

种 zhǒng : sorte de, espèce de (aussi pour : couleur, langue) ;

元 yuán : unité monétaire ;

角 jiǎo : 1/10 de 元 ;

分 fēn : 1/10 de 角.

Exemples :

Une entreprise	一家企业	yī jiā qǐyè
Une société	一个公司	yī gè gōngsī
Un magasin	一家商店	yī jiā shāngdiàn
Ce produit	这个产品	zhè gè chǎnpǐn
Cette catégorie de produit		
	这 种产品	zhè zhǒng chǎnpǐn
Ces produits	这些产品	zhè xiē chǎnpǐn
Ce lot de marchandises	这批货物	zhè pī huòwù
Un e-mail	一封 电子 邮件	
	yī fēng diànzǐ yóujiàn	
Chaque mois	每个月	měi gè yuè
La semaine prochaine	下个星期	xià gè xīngqī
Celui-ci (en parlant		
d'une personne poliment)	这位	zhè wèi

Exceptions :

多少 (duōshǎo) n'est jamais suivi d'un classificateur.

Combien çà coûte ?	多少钱 ?	duōshǎo qián ?
Combien coûte ce produit ?	这 个 产品 多少 钱 ?	zhè gè chǎnpǐn duōshǎo qián ?

Les classificateurs ne s'emploient pas avec des noms de quantité, tels que : 年 (nián) : année / 天 (tiān) : jour / 岁 (suì) : an (pour l'âge).

Chaque année	每年	měi nián
Combien de jours ?	几天 ?	jī tiān ?

L'adjectif verbal

Une des caractéristiques les plus fondamentales de la langue chinoise concerne l'adjectif qui possède le statut de verbe, on le nomme ainsi « adjectif verbal ». Il est si fréquemment accompagné d'un adverbe d'intensité (le plus souvent de « très », 很 hěn), qu'il n'est pas nécessaire de traduire cette nuance en français. Ainsi 好 (hǎo) peut se traduire par « être bien, être bon ».

Etre grand / petit	大 / 小	dà / xiǎo
Etre nombreux, beaucoup / être peu	多 / 少	duō / shǎo

Exemples :

Je vais bien	我很好	wǒ hěn hǎo
Mon entreprise est grande	我 的 公司 很 大 wǒ de gōngsī hěn dà	
Les gens sont nombreux	人很多	rén hěn duō
Je suis content	我很高兴	wǒ hěn gāoxìng

Le verbe

Le verbe « être » 是 (shì) a un usage plus restreint qu'en français : il ne lie pas le sujet et son adjectif attribut et ne peut être utilisé dans le sens d'« être quelque part ». Dans ce dernier cas, on doit utiliser le verbe d'existence 在 (zài) qui signifie « se trouver à, en ».
Le verbe 有 (yǒu) signifie « avoir » (l'appartenance) et « il y a » (l'existence).

Les formes négatives des verbes 是 et 有 ne sont pas identiques : on utilise la négation 不 (bù) pour 是 et 没 (méi) pour 有. 不 et 没 précèdent toujours le verbe ou l'adjectif verbal.
不 et 没 sont également différemment employés selon le temps de la phrase ; ainsi 不 est la négation du verbe « être » et des temps présent et futur, 没 du verbe « avoir » et du temps passé.

Exemples :

C'est un livre	这是一本书	zhè shì yī běn shū
Je suis français (une personne française)	我是法国人	wǒ shì fǎguórén
J'ai un livre	我有一本书	wǒ yǒu yī běn shū
Il y a beaucoup de monde	有很多人	yǒu hěn duō rén

Je ne suis pas français 我 不 是 法国人
wǒ bù shì fǎguórén

Je n'ai pas de livre 我没有书 wǒ méi yǒu shū

Les verbes de sentiments (喜欢 xǐhuān : apprécier / 希望 xīwàng : espérer) et les verbes auxiliaires (必须 bìxū / 需要 xūyào / 应该 yīnggāi : devoir, 要 yào / 愿意 yuànyì / 想 xiǎng : vouloir, 可以 kěyǐ et 能 néng : pouvoir ou encore 打算 dǎsuàn : projeter) sont des verbes à part. Ils peuvent s'employer avec l'adverbe 很 (hěn), à l'instar des adjectifs verbaux, et ne s'agissant pas de verbes d'action, les compléments circonstanciels (temps, lieu) se placent après eux.

La syntaxe

Il existe deux méthodes pour formuler une question en chinois. La première consiste à ajouter la particule 吗 (ma) à la fin de la phrase sans modifier l'ordre des mots de la forme affirmative.

Est-ce qu'il y a des livres ? 有书吗 ? yǒu shū ma ?

La deuxième consiste, elle, à ajouter la forme négative du verbe ou de l'adjectif verbal à sa forme affirmative.

VERBE + 不 (bú) +VERBE ou VERBE + 没 (méi) +VERBE

Est-ce qu'il y a des livres ? 有 没 有 书 ?
yǒu méi yǒu shū ?

Les compléments circonstanciels de temps, de lieu et de manière se placent avant le verbe, dans cet ordre. L'adverbe et les prépositions introduisant un complément d'objet indirect se placent également avant le verbe. Le complément d'objet direct, lui, se place après le verbe.

SUJET+PRĒPOSITION+CCL / CCT+VERBE+COD

Attention : certaines prépositions introduisant un complément de lieu, de temps ou d'objet indirect sont à la fois des verbes et des prépositions (comme 在, zài) : verbe « être » / préposition « à »).
Dans la phrase suivante, le premier 在 (zài) est un verbe (CCL le suit), le deuxième une préposition (CCL avant le verbe) :

La maison mère est à Pékin. Nous avons une entreprise à Shanghai

母公司 在 北京。 我们 在 上海 有 一 个
mǔgōngsī zài Běijīng. wǒmen zài Shànghǎi yǒu yī gè
公司
gōngsī

Attention : certaines prépositions peuvent être employées avec un **locatif**.

Locatifs : 上 shàng (sur) / 下 xià (sous) / 内 nèi (à l'intérieur) / 外 wài (à l'extérieur) / 中 zhōng (au milieu), etc.

Nous mettons ce produit en vente sur le marché
我们 在 市场 上 出售 这 个 产品
wǒmen zài shìchǎng shàng chūshòu zhè gè chǎnpǐn

Dans les délais fixés
在 规定 的 期限 内 交货
zài guīdìng de qīxiàn nèi jiāohuò

Les marchandises ont été très endommagées pendant le transport
货物 在 运输 过程 中 亏耗 很 大
huòwù zài yùnshū guòchéng zhōng kuīhào hěn dà

SUJET+PRĒPOSITION+COI+VERBE+COD

Je vous présente le représentant de notre société
我 给 您 介绍 我们 公司 的 代表
wǒ gěi nín jièshào wǒmen gōngsī de dàibiǎo

Je vous envoie les produits
我 给 您 发送 产品
wǒ gěi nín fāsòng chǎnpǐn

Attention : certains verbes introduisent eux-mêmes le complément d'objet indirect, sans préposition. Par exemple, 给 (gěi) est une préposition mais également le verbe « donner ».

Je vous donne les produits
我 给 您 产品
wǒ gěi nín chǎnpǐn

Les verbes ne se conjuguent pas mais changent d'aspect par le biais de **particules aspectuelles (ou suffixes d'aspect)**. La plus courante et la seule que vous rencontrerez dans ce manuel est 了 (le), qui exprime l'aspect accompli.

Elle se place toujours après le verbe et avant le complément d'objet et ne peut être utilisée avec des verbes d'existence, factitifs ou auxiliaires.
La difficulté d'appréhension de cette particularité de la langue chinoise réside dans le fait que les particules aspectuelles ne correspondent pas à des indicateurs de temps. Ainsi, la particule 了 (le) ne se traduit pas systématiquement par le temps passé en français, une action pouvant être accomplie dans les temps présent et futur.

Nous avons fait une étude de marché
我们 做 了 一 个 市场 调查
wǒmen zuò le yī gè shìchǎng diàochá

Par souci de précision, nous procéderons de la manière suivante pour décrire le vocabulaire dans la suite de l'ouvrage : mots en français, idéogrammes et transcriptions en pin yin.

A noter : lorsque idéogrammes et transcriptions sont situés sur deux lignes, chaque terme phonétique est placé sous le caractère chinois correspondant.

Pour chaque thème, vous trouverez d'abord une série de phrases simples mais à la difficulté croissante. Suivent des mots de vocabulaire clés à retenir.

Afin de faciliter l'apprentissage du vocabulaire :

- lorsque des mots de vocabulaire supplémentaires sont requis, généralement simples et très usités, leur traduction est ajoutée entre parenthèses dans la transcription pin yin de la phrase ;
- lorsqu'un caractère apparaît plusieurs fois dans différentes combinaisons avec un autre caractère pour former des termes spécifiques au langage des affaires, sa traduction propre est ajoutée entre parenthèses dans la liste de vocabulaire.

PARTIE I

LES PREMIERS CONTACTS

1. Structures et secteurs

Bonjour ! Quel est votre nom s'il vous plaît ?

您 好！ 您 贵姓？

nín hǎo ! nín guìxìng ?

Mon nom est Delord, je dirige une grande entreprise, je suis dans le commerce textile

我 姓 Delord, 我 经营 一 家 大 企业,

wǒ xìng Delord, wǒ jīngyíng yī jiā dà qǐyè,

我 是 搞 纺织 工业 的

wǒ shì gǎo (faire, être dans) fǎngzhī gōngyè de

La maison mère est à Pékin. Nous sommes implantés à Shanghai

母公司 在 北京。 我们 在 上海 有 一 个

mǔgōngsī zài Běijīng. wǒmen zài Shànghǎi yǒu yī gè

子公司

zǐgōngsī

Je souhaite créer en Chine une entreprise à capitaux mixtes

我 想 在 中国 举办 合资 企业

wǒ xiǎng zài zhōngguó jǔbàn hézī qǐyè

Je souhaite ouvrir un magasin à Pékin
我 想　在 北京　开 一 家 商店
wǒ xiǎng zài Běijīng kāi yī jiā shāngdiàn

Voici ma carte de visite
这 是 我的 名片
zhè shì wǒde míngpiàn

Merci, au revoir
谢谢，再见
xièxiè, zàijiàn

Appareils électriques	电器 diànqì (电， diàn : électricité)
Compagnie, société	公司 gōngsī (公， gōng : public / 司， sī : se charger de)
Composants électroniques	电子元件 diànzi yuánjiàn
Créer	举办 jǔbàn
Entreprise	企业 qǐyè (业， yè : industrie ou affaires)
Entreprise à capitaux étrangers	外资企业 wàizī qǐyè (外， wài : extérieur / 资， zī : capital)
Entreprise à capitaux mixtes	合资企业 hézī qǐyè (合， hé : unir)
Entreprise mixte	合营企业 héyíng qǐyè (营， yíng : diriger, gérer)
Entreprise privée	私营企业 sīyíng qǐyè (私， sī : privé)
Entreprise textile	纺织企业 fǎngzhī qǐyè
Equipements informatiques	数据 处理 设备 shùjù chǔlǐ shèbèi (设备， shèbèi : équipement)
Exploiter, gérer	经营 jīngyíng (经， jīng : gérer)

Filiale	子公司　zǐgōngsī (子，zǐ : fils)
Industrie	工业　gōngyè
Industrie automobile	汽车工业 qìchē gōngyè
Industrie de transformation	加工工业 jiāgōng gōngyè
Industrie électronique	电子工业 diànzǐ gōngyè
Industrie légère	轻工业　qīng gōngyè
Industrie lourde	重工业　zhòng gōngyè
Industrie manufacturière	制造工业 zhìzào gōngyè
Industrie mécanique	机械工业 jīxiè gōngyè
Industrie minière	矿业　kuàngyè (业，yè : diminutif de 工业，gōngyè)
Industrie ou société de transport	运输业 ou 运输公司 yùnshū yè
Industrie ou société sidérurgique	钢铁工业 gāngtiě gōngyè ou 钢铁公司 gāngtiě gōngsī
Magasin	商店　shāngdiàn (商，shāng : commerce / 店，diàn : magasin)
Matériaux de construction	建筑材料 jiànzhú cáiliào (材料，cáiliào : matériaux)
Matières premières	原材料　yuán cáiliào

Nouvelles technologies	新兴技术 xīnxīng jìshù (新，xīn : jeune / 兴，xīng: montant)
Société mère	母公司 mǔgōngsī (母， mǔ : mère)
Société multinationale	多国公司 duōguó gōngsī (多， duō : plusieurs / 国， guó : pays)
Technologies	技术 jìshù (技， jì : capacité, compétence / 术， shù : art)
Télécommunications	电讯 diànxùn
Usine	工厂 gōngchǎng

2. Activités et acteurs

Je suis l'assistant du directeur de notre société, voici Monsieur Wang, notre représentant commercial

我 是 我们 公司 总经理 的 助理, 这 是 王

wǒ shì wǒmen gōngsī zǒngjīnglǐ de zhùlǐ, zhè shì Wáng

先生, 他 是 我们 公司 的 商务 代表

xiānsheng, tā shì wǒmen gōngsī de shāngwù dàibiǎo

Je travaille dans la société nationale (chinoise) d'importation et d'exportation des machines, je dirige le service exportation

我 在 中国 机械 进出口 总 公司

wǒ zài zhōngguó jīxiè jìnchūkǒu zǒng gōngsī

工作, 我 负责 出口部

gōngzuò, wǒ fùzé chūkǒubù

Je suis enchanté de faire votre connaissance. Bienvenue en Chine

我 很 高兴 认识 您。欢迎 您 来到

wǒ hěn gāoxìng rènshi nín. huānyíng nín láidào

中国

zhōngguó

Permettez-moi de vous présenter le représentant de notre société à Paris

我 给 您 介绍　一下, 这 位　是 我们　公司　的

wǒ gěi nín jièshào yīxià, zhè wèi shì wǒmen gōngsī de

驻　　　　　　　巴黎 代表

zhù (positionné) Bālí　dàibiǎo

Nous faisons le gros et le détail. Nous avons de nombreux clients

我们　经营　批发 和 零售。　我们　有　很

wǒmen jīngyíng pīfā　hé língshòu. wǒmen yǒu hěn

多　顾客

duō gùkè

Nous fabriquons des éléments électroniques, c'est un secteur qui demande une main-d'œuvre (ou personnel) qualifiée

我们　公司　制造　电子　元件,　这 个 商业

wǒmen gōngsī zhìzào diànzi yuánjiàn, zhè gè shāngyè

部门　需要 有　技能　的 劳动力　(员工)

bùmén xūyào yǒu jìnéng de láodònglì (yuángōng)

Nous souhaiterions exporter des produits de luxe en France

我们　想　对 法国　出口　奢侈品

wǒmen xiǎng duì fǎguó chūkǒu shēchǐpǐn

Acheter	采购	cǎigòu
Acheteur	采购员	cǎigòuyuán
Assistant	助理	zhùlǐ
Chef d'entreprise	企业经理	qǐyèjīnglǐ
	(经理， jīnglǐ : directeur) ou	
	企业主	qǐyèzhǔ
Client	顾客	gùkè
Commerce	贸易	màoyì
Détaillant	零售商	língshòushāng
	(零， líng : quelques / 售， shòu : vendre)	
Directeur général	总经理	zǒngjīnglǐ
	(总， zǒng : en chef)	
Exporter	出口	chūkǒu
	(出， chū : sortir / 口， kǒu : bouche, port)	
Fabriquer	制造	zhìzào
Faire du commerce, être dans les affaires	经商	jīngshāng
Fournisseur	供货商	gōnghuòshāng
Grossiste	批发商	pīfāshāng
	(批， pī : classificateur pour lot / 发， fā : distribuer)	
Homme d'affaires étranger	外商	wàishāng

Homme d'affaires, commerçant	商人	shāngrén
Importer	进口 (进， jìn : entrer)	jìnkǒu
Interprète	翻译	fānyì
Main-d'œuvre	劳动力 (劳动， láodòng : travail / 力， lì : force)	láodònglì
Marchandise	商品 (品， pǐn : objet) ou 货物 (货， huò : marchandise / 物， wù : objet)	shāngpǐn huòwù
Marchandise exportée	出口货	chūkǒu huò
Marchandise importée	进口货	jìnkǒuhuò
Patron	老板	lǎobǎn
Personnel (le)	员工	yuángōng
Présenter	介绍	jièshào
Produit	产品 (产， chǎn : production ou biens) ou 产物	chǎnpǐn chǎnwù
Représentant commercial	商务代表 (务, wù : occupation)	shāngwù dàibiǎo

Responsable	负责人	fùzérén
Responsable des ventes	售负责人	shòu fùzérén
Secrétaire	秘书	mìshū
Service exportation	出口部	chūkǒubù
	(部，bù : service, bureau)	
Vendeur	售货员	shòuhuòyuán
Vendre	销售	xiāoshòu ou
	售货	shòuhuò
Vendre au détail	零售	língshòu
Vendre en gros	批发	pīfā

PARTIE II

FINANCE ET COMPTABILITÉ

1. Prix et chiffres

La numération chinoise est assez simple ; pour le 11 par exemple, il suffit d'écrire le caractère 10 et d'ajouter le 1, tandis que pour le 20, le caractère 2 se place devant le 10.

Il existe une seule prononciation pour deux écritures différentes des chiffres (voir le tableau ci-après). Dans la 2e colonne, il s'agit de l'écriture couramment utilisée, tandis que celle de la 4e colonne est utilisée uniquement pour le commerce et la finance. Cette seconde écriture, constituée de caractères au tracé plus compliqué, permet d'éviter les falsifications de la forme courante des chiffres.

0	零 ou 〇	líng	零
1	一	yī	壹
2	二	èr	贰
3	三	sān	参
4	四	sì	肆
5	五	wǔ	伍
6	六	liù	陆
7	七	qī	柒
8	八	bā	捌
9	九	jiǔ	玖
10	十	shí	拾
100	百	bǎi	佰

Combien coûte ce produit ?
这 个 产品　多少　钱？
zhè gè chǎnpǐn duōshǎo qián ?

Combien je vous dois ?
一共　　　　多少　钱？
yīgòng (en tout) duōshǎo qián ?

Cela fait en tout 558 kuais
一共　五百五十八　块
yīgòng wǔbǎiwǔshíbā kuài

Vous m'avez donné 400 kuais, je vous rends 50 kuais. Vous voulez autre chose ?

您 这 是 四百 块，找 您 五十 块。

nín zhè shì sìbǎi kuài, zhǎo nín wǔshí kuài.

您 还 要 什么？

nín hái (encore) yào shénme ?

Le prix de détail de ce produit est de 45 yuans

这 个 产品 的 零售 价格 为

zhè gè chǎnpǐn de língshòu jiàgé wéi (être, se porter à)

四十五 元

sìshíwǔ yuán

C'est un prix très intéressant (bon marché) / très élevé

这 种 产品 很 便宜 / 很贵

zhè zhǒng chǎnpǐn hěn piányí / hěn guì

La réunion aura lieu mercredi (3e jour de la semaine)

会议 在 星期三 举行

huìyì (réunion) zài xīngqīsān jǔxíng

Je vous propose de nous revoir le 14 mai (5e mois)

我 建议 五月 十四 日 见面

wǒ jiànyì wǔyuè shísì rì (jour) jiànmiàn

Je vous propose 8 heures du matin, cela vous convient ?

我 建议 上午 八点 见面，

wǒ jiànyì shàngwǔ (matin) bā diǎn (heure) jiànmiàn,

好 吗 ?

hǎo ma ?

Dollar	美元	měiyuán
	(Etats-Unis : 美国, Měiguó)	
Euro	欧元	ōuyuán
	(Europe : 欧洲, Ouzhōu)	
Monnaie chinoise	人民币	rénmínbì ou
	元	yuán
	(en langue parlée : 块 : kuài)	
Prix	价格	jiàgé
Prix de détail	零售价	
	ou 零售 价格	
	língshòu jiàgé	
Prix de vente	售价	shòujià

À SAVOIR !

La monnaie chinoise est le rénmínbì (RMB) qui signifie « argent du peuple ».

L'unité de base du rénmínbì est le 元 yuán, mais, oralement, on préférera utiliser le terme : 块 kuài.

Un 元 yuán représente 10 角 jiǎo. 角 jiǎo sc dit plus généralement 毛 máo.

Un 角 jiǎo représente 10 分 fēn. 分 fēn se dit de la même manière dans la langue parlée.

Un euro équivaut à 10 yuán rénmínbi environ selon le taux de change.

2. Investissement, grandes sommes et pourcentage

La seule complication concernant les chiffres est que, à la différence du français, les Chinois utilisent l'unité 10 000 (一万，yīwàn) en plus de l'unité 1 000, et ils ne se basent pas sur l'unité 1 million mais sur l'unité 100 millions (一亿，yīyì). En effet, en chinois, les nombres se décomposent de 4 chiffres en 4 chiffes, et non de 3 en 3.

Pour le pourcentage, on utilise l'expression 百分之 (bǎifēnzhī) avant le nombre.

1 000	千	qiān	仟
10 000	万	wàn	万
10 millions	亿	yì	亿

11	十一	shíyī
15	十五	shíwǔ
20	二十	èrshí
21	二十一	èrshíyī
25	二十五	èrshíwǔ
50	五十	wǔshí
51	五十一	wǔshíyī
55	五十五	wǔshíwǔ
100	一百	yībǎi
101	一百零一	yībǎilíngyī
110	一百一(十)	yībǎiyī (shí)
115	一百一十五	yībǎiyīshíwǔ
150	一百五十	yībǎiwǔshí
500	五百	wǔbǎi
555	五百五十五	wǔbǎiwǔshíwǔ

1 000	一千	yīqiān
1 001	一千零一	yīqiānlíngyī
1 010	一千零十	yīqiānlíngshí
1 100	一千一百	yīqiānyībǎi
5 000	五千	wǔqiān
5 555	五千五百五十五	wǔqiānwǔbǎiwǔshíwǔ

10 000	一万	yīwàn
10 010	一万零十	yīwànlíngshí
10 500	一万零五百	yīwànlíngwǔbǎi
55 500	五万五千五百	wǔwànwǔqiānwǔbǎi
550 000	五十五万	wǔshíwǔwàn
1 000 000	一百万	yībǎiwàn
10 000 000	一千万	yīqiānwàn
100 000 000	一亿	yīyì

Exemples :

461 759 : 四 十 六 万 一千 七百五十九
C'est-à-dire : 46万 / 1759 (1千 et 7百)

460 759 : 四 十 六 万零七百五十 九
On met 零 lorsqu'une unité est absente, ici il s'agit de l'unité 千

63 247 851 : 六千三百二十四万七千八百五十一
C'est-à-dire : 6 324万 et 7 851

5 731 983 624 : 五十七亿三千一百九十八万三千六百二十四
C'est-à-dire : 57 亿 3 198 万 et 3 624

Notre chiffre d'affaires annuel est de 1 million d'euros
每 年 营业额 为 一百万 欧元
měi niàn yíngyèé wéi yībǎiwàn ōuyuán

Nous réalisons un profit de 73 500 yuans
我们 实现 七万三千五百 元 的 利润
wǒmen shíxiàn qīwànsānqiānwǔbǎi yuán de lìrùn

Nos bénéfices ont augmenté de 5 %
我们 的 利润 增长 了 百分之 五
wǒmen de lìrùn zēngzhǎng le bǎifēnzhī wǔ

Les ventes ont baissé de 7 %
销售 降低 了 百分之 七
xiāoshòu jiàngdī le bǎifēnzhī qī

Le prix des matières premières a baissé de 8 %
原材料 价格 下降 百分之 八
yuáncáiliào jiàgé xiàjiàng bǎifēnzhī bā

Nous pensons investir 250 000 dollars
我们 想 投资 二十五万 美元
wǒmen xiǎng tóuzī èrshíwǔwàn měiyuán

Nos fonds de roulement se portent à 100 millions de yuans

流动 资金 为 一亿元

liúdòng (circuler) zījīn wéi yīyìyuán

Je souhaite ouvrir un compte bancaire

我 想 在 银行 开 帐户

wǒ xiǎng zài yínháng (banque) kāi zhànghù

Nous pensons faire un emprunt à la banque

我们 想 向 银行 贷款

wǒmen xiǎng xiàng yínháng dàikuǎn

Augmenter	增长	zēngzhǎng
	ou 提高	tígāo
Baisser	降低	jiàngdī
	ou 下降	xiàjiàng
Biens, actifs	资产	zīchǎn
Bilan	资产负债表	zīchǎn fùzhài biǎo
Capital	资本	zīběn
	(本， běn : principal ou livre)	
Capitaux	资金	zījīn
	(金， jīn : argent)	
Chiffre d’affaires	营业额	yíngyè é
	(额， é : chiffre)	

Comptabilité	会计	kuàijì
Comptable	会计员	kuàijìyuán
Compte bancaire	帐户	zhànghù
Faire les comptes	结帐	jiézhàng
Finances	财务	cáiwù
	(财， cái : biens, argent)	
Fiscalité	税务	shuìwù
Investir, investissement	投资	tóuzī
	(投， tóu : mettre)	
Livre de comptes	帐本	zhàngběn
	(帐， zhàng : compte)	
Moyens financiers	财力	cáilì
Profit, bénéfice, marge	利润	lìrùn
Service des finances	财务部	cáiwùbù
Taux de profit	利润率	lìrùnlǜ
		(率， lǜ : taux)
Taxe	税	shuì
Taxe à l'importation, droits d'importation	进口税	jìnkǒushuì
Taxe à la production	生产税 产品税	shēngchǎnshuì ou chǎnpǐnshuì
Taxe sur le chiffre d'affaires	营业税	yíngyèshuì

PARTIE III

MARCHÉ, OBJECTIF ET STRATÉGIE

1. Marché et étude de marché

Nous mettons ce produit en vente sur le marché
我们 在 市场 上 出售 这 个 产品
wǒmen zài shìchǎng shàng chūshòu zhè gè chǎnpǐn

Notre entreprise est cotée en bourse
我们 的 企业 上市 了
wǒmen de qǐyè shàngshì le

Nous devons étudier notre position sur le marché
我们 应 研究 公司 的 市场
wǒmen yīng (devoir) yánjiū gōngsī de shìchǎng
定位 问题
dìngwèi wèntí (question)

La compagnie X réalise le plus large volume de ventes en Chine et 50 % des parts de marché
X 公司 在 中国 消售量 最 大,
X gōngsī zài zhōngguó xiāoshòuliàng zuì (le plus) dà,
他们 占有 百 分 之 五 十 的 市场 份额
tāmen zhànyǒu bǎi fēn zhī wǔ shí de shìchǎng fèn'é

Nous avons fait une étude de marché, c'est un marché porteur

我们 做 了 一 个 市场 调查, 这 是 有

wǒmen zuò le yī gè shìchǎng diàochá, zhè shì yǒu

利润 的 市场

lìrùn de shìchǎng

La concurrence est rude, nous devons baisser le prix de notre nouveau produit

竞争 很 激烈, 我们 应 降低 新

jìngzhēng hěn jīliè, wǒmen yīng jiàngdī xīn (nouveau)

产品 的 价格

chǎnpǐn de jiàgé

Il y a de nombreux concurrents sur le marché de l'automobile chinois

在 中国 汽车 市场 上 竞争 对手

zài zhōngguó qìchē shìchǎng shàng jìngzhēng duìshǒu

是 很 多 的

shì hěn duō de

Ce nouveau produit correspond mieux aux goûts des consommateurs

这 个 新 产品 最 适应 消费者 的 心理

zhè gè xīn chǎnpǐn zuì shìyìng xiāofèizhě de xīnlǐ

La demande s'accroît chaque année
需求 年年 增长
xūqiú niànniàn zēngzhǎng

L'offre dépasse / ne satisfait pas la demande
供 过于 求 / 供 不 应 求
gōng guòyú qiú / gōng bù yìng qiú

Biens de consommation	消费资料	xiāofèi zīliào
Concurrence	竞争	jìngzhēng
Concurrent	竞争对手	jìngzhēng duìshǒu
Consommateurs	消费者	xiāofèizhě
Consommation	消费	xiāofèi
Coté en bourse	上市	shàngshì
	(上, shàng : aller)	
Coût, prix de revient	成本	chéngběn
Demande	需求	xūqiú
Etude de marché	市场调查	shìchǎng diàochá
Etudier	研究	yánjiū
Infiltrer le marché	进入市场	jìnrù shìchǎng
Lancer (sur le marché)	推出	tuīchū
Marché	市场	shìchǎng
Marché international	国际市场	guójì shìchǎng
Marché national	国内市场	guónèi shìchǎng
Mettre en vente	出售	chūshòu
Offre	供应	gōngyìng
Offre (l') et demande (la)	供求	gōngqiú
Parts de marché	市场份额	shìchǎng fèn'é
Position sur le marché	市场定位	shìchǎng dìngwèi
Volume des ventes	消售量	xiāoshòuliàng
	(量，liàng : qualité ou quantité)	

2. Production

Dans le secteur du textile, la concurrence est faible sur les produits de haute qualité

在 纺织 市场 上, 高质 产品 的

zài fǎngzhī shìchǎng shàng, gāozhí chǎnpǐn de

竞争 很 少

jìngzhēng hěn shǎo

Le marché potentiel de ce nouveau modèle est restreint, il faut améliorer sa qualité

新 型 潜在 市场 很 小,

xīn xíng qiánzài (potentiel) shìchǎng hěn xiǎo,

必须 提高 质量

bìxū tígāo zhíliàng

Nous allons réduire le coût de production

我们 要 降低 生产 成本

wǒmen yào jiàngdī shēngchǎn chéngběn

En juin, la production a augmenté de 3 %

今年　　　　　　　　六月　生产　　　提高 了

jīnniàn (cette année) liùyuè shēngchǎn tígāo le

百分之　三

bǎifēnzhī sān

Nous devons développer la production

我们　应　发展　生产

wǒmen yīng fāzhǎn shēngchǎn

Bas	低	dī
Coproduction	合作生产	hēzuò shēngchǎn
Coût de production	生产 成本	shēngchǎn chéngběn
Cycle de vie du produit	产品 生命 周期	chǎnpǐn shēngmìng zhōuqī
Développer	发展	fāzhǎn
Haut	高	gāo
Ligne de production	产品线	chǎnpǐn xiàn
Modèle	型	xíng
Moyens de production	生产资料	shēngchǎn zīliào
Producteur	生产商	shēngchǎnshāng
Production	生产	shēngchǎn
Production en série	批量生产	pīliàng shēngchǎn
Productivité	生产率	shēngchǎnlǜ
Produit fini	制成品	zhìchéngpǐn
Produit semi-fini	半制品	bànzhìpǐn
Qualité	质量	zhíliàng
Réseau de production	生产 网络	shēngchǎn wǎngluò
Système de production	产品体系	chǎnpǐn tǐxì
Test utilisation	产品 使用 测试	chǎnpǐn shǐyòng cèshì

3. Projet et stratégie

Nous avons l'intention de lancer un nouveau modèle de voiture chaque année

我们　打算　年年　推出 新 车 型

wǒmen dǎsuàn niànniàn tuīchū xīn chē xíng

Ces produits se vendent bien

这 些 产品　销路 很 好

zhè xiē chǎnpǐn xiāolù hěn hǎo

Nous avons établi un plan pour augmenter les ventes

我们　有　一 个 提高 消售量　　的 计划

wǒmen yǒu yī gè tígāo xiāoshòuliàng de jìhuà

Nous avons établi une stratégie pour développer la production

我们　有　一 个 发展　生产　　的 战略

wǒmen yǒu yī gè fāzhǎn shēngchǎn de zhànlüè

Nous recherchons des partenaires chinois / investisseurs chinois

我们 寻找 中国 的 合作 伙伴 /

wǒmen xúnzhǎo zhōngguó de hēzuò huǒbàn /

中国 的 投资商

zhōngguó de tóuzīshāng

Nous souhaitons coopérer avec votre entreprise

我们 想 和 您 家 公司 合作

wǒmen xiǎng hé nín jiā gōngsī hēzuò

Nous avons pour objectif d'étendre notre part du marché chinois, d'étendre les ventes

我们 的 目标 是 扩大 中国 市场,

wǒmen de mùbiāo shì kuòdà zhōngguó shìchǎng,

扩大 销路

kuòdà xiāolù

Nous avons l'intention d'importer en Chine capitaux et technologie

我们 打算 在 中国 进口 资金 和 技术

wǒmen dǎsuàn zài zhōngguó jìnkǒu zījīn hé jìshù

Avoir l'intention de	打算	dǎsuàn
Coopérer	合作	hēzuò
Débouché, vente	销路	xiāolù
Elargir, étendre	扩大	kuòdà
Investisseur	投资商	tóuzīshāng
Marketing	营销	yíngxiāo
Objectif	目标	mùbiāo
Partenaire commercial	贸易 合作 夥伴 màoyì hēzuò huǒbàn	
Partie chinoise	中方	zhōngfāng
Partie française	法方	fǎfāng
Plan, projet	计划	jìhuà
Plan business	商业计划	shāngyè jìhuà
Plan marketing	营销计划	yíngxiāo jìhuà
Planning de production	生产计划	shēngchǎn jìhuà
Rechercher	找 ou 寻找	zhǎo xúnzhǎo
Stratégie	战略	zhànlüè
Stratégie d'expansion du marché	市场 扩大 战略 shìchǎng kuòdà zhànlüè	

Stratégie d'infiltration du marché	市场　进入　战略 shìchǎng jìnrù zhànlüè	
Stratégie des marques	品牌战略	pǐnpái zhànlüè
Test marketing	市场测试	shìchǎng cèshì

PARTIE IV

DISTRIBUTION ET TRANSPORT

1. Distribution

Nous commercialisons déjà les nouveaux produits en supermarché à Pékin

我们　在 北京　超级 市场　　已经

wǒmen zài Běijīng chāojí shìchǎng yǐjīng (déjà)

销售　　新 产品

xiāoshòu xīn chǎnpǐn

Nous avons un projet d'extension du réseau de distribution international

我们　有 一 个 扩大　国际 分销　渠道　的 计划

wǒmen yǒu yī gè kuòdà guójì fēnxiāo qúdào de jìhuà

Nous avons un réseau de distribution étendu à Pékin, avec 50 points de vente

我们　在 北京　的 分销　网络　　很　大,

wǒmen zài Běijīng de fēnxiāo wǎngluò hěn dà,

有　五十　个 销售店

yǒu wǔshí gè xiāoshòudiàn

Vous pensez à quelle sorte d'emballage pour ce lot de marchandises ?

这 批 货物, 您 打算 用 什么

zhè pī huòwù, nín dǎsuàn yòng (utiliser) shénme

方式 包装 ?

fāngshì bāozhuāng ?

Cet emballage attire l'attention des clients

这 种 包装 吸引 顾客 的 注意

zhè zhǒng bāozhuāng xīyǐn gùkè de zhùyì

Il faut améliorer le conditionnement

必须 提高 包装 的 质量

bìxū tígāo bāozhuāng de zhíliàng

Nous devrons être performants dans le service après vente

我们 一定 要 搞 好 售后 服务

wǒmen yídìng yào gǎo hǎo shòuhòu fúwù

Notre service de haute qualité a accru notre compétitivité

优质 服务 增强 了 我们 的 竞争力

yōuzhì fúwù zēngqiáng le wǒmen de jìngzhēnglì

Circuit de distribution	分销渠道	fēnxiāo qúdào
Conditionnement, emballage	包装	bāozhuāng
Coût de distribution	分销成本	fēnxiāo chéngběn
Design	设计	shèjì
Distribution	分销	fēnxiāo
Echantillon	样品	yàngpǐn
Grand magasin	百货商店	bǎihuò shāngdiàn
Magasin de détail	零售商店	língshòu shāngdiàn
Marque	商标 ou 牌子	shāngbiāo páizi
Marque déposée	注册商标	zhùcè shāngbiāo
Marquer le prix	标价	biāojià
Mode de distribution	分销方式 ou 模式	fēnxiāo fāngshì móshì
Point de distribution	分销店	fēnxiāodiàn
Point de vente	销售店	xiāoshòudiàn
Réseau de distribution	分销网络	fēnxiāo wǎngluò
Service après vente	售后服务	shòuhòu fúwù
Service maintenance	维修服务	wéixiū fúwù
Solder	处理商品	chǔlǐ shāngpǐn
Soldes	处理品	chǔlǐpǐn
Supermarché	超级市场	chāojí shìchǎng

2. Transport et livraison

Pendant la période de garantie, la maintenance est gratuite

在 保修 期 内，维修 是

zài bǎoxiū qī (période) nèi, wéixiū shì

免费 的

miǎnfèi (gratuit) de

Nous nous occupons du chargement et du transport

我们 负责 装运

wǒmen fùzé zhuāngyùn

Vous prenez en charge les frais de transport ?

您 方 负担 运费 吗？

nín fāng fùdān yùnfèi ma ?

Ce prix comprend les frais d'assurance

这 个 价格 包括 保险费

zhè gè jiàgé bāokuò bǎoxiǎnfèi

Le transport par voie de mer est peu cher mais très lent, je n'ai pas décidé
由 海运 交货 很 便宜，可是 很 慢，
yóu hǎiyùn jiāohuò hěn piányí, kěshì (mais) hěn màn,
我 没 决定
wǒ méi juédìng

Vous recevrez les marchandises la semaine prochaine
您 下 个 星期 会 收到 货物
nín xià gè xīngqī huì shōudào huòwù

Je vous garantis que vous serez livré dans les délais fixés
我 保证 在 规定 的 期限 内 交货
wǒ bǎozhèng zài guīdìng de qīxiàn nèi jiāohuò

Nous allons liquider le stock
我们 要 处理 库存货
wǒmen yào chǔlǐ kùcúnhuò

Les marchandises ont subi d'importants dommages pendant le transport
货物 在 运输 过程 中 亏耗 很 大
huòwù zài yùnshū guòchéng zhōng kuīhào hěn dà

Notre assurance prend en charge le dédommagement de vos pertes

公司　的 保险　　负担 赔偿

gōngsī de bǎoxiǎn fùdān péicháng

Assurance	保险	bǎoxiǎn
Chargement et transport	装运	zhuāngyùn
Dédommagement	赔偿	péicháng
Délai	期限 (限，xiàn : limite)	qīxiàn
Frais d'assurance	保险费 (费，fèi : frais)	bǎoxiǎnfèi
Frais de transport	运费	yùnfèi
Garantie	保修	bǎoxiū
Garantir	保证	bǎozhèng
Inclure	包括	bāokuò
Livrer, livraison	交货	jiāohuò
Moyens de transport	运输工具	yùnshū gōngjù
Par avion	空运	kōngyùn
Par camion	卡车运输	kǎchē yùnshū
Par voie de mer	海运	hǎiyùn
Par voie de terre	陆运	lùyùn
Perte et dommage	亏耗	kuīhào
Prendre en charge	负担	fùdān
Recevoir	收到	shōudào
Stock	库存货	kùcúnhuò
Transport	运输	yùnshū

PARTIE V

NÉGOCIATION ET RÉGLEMENTATION

1. Négociation et contrat

Quand pouvons-nous signer le contrat ?
我们 能 什么 时候 签订 合同 ?
wǒmen néng shénme shíhou (temps) qiāndìng hétong ?

Nous pouvons signer le contrat mardi prochain
我们 能 下 个 星期二 签订 合同
wǒmen néng xià gè xīngqīèr qiāndìng hétong

Voici notre contrat, avez-vous quelque chose à redire aux clauses ?
这 是 我们 做 的 合同, 您 对 交款 有
zhè shì wǒmen zuò de hétong, nín duì tiáokuǎn yǒu
什么 意见 吗 ?
shénme yìjiàn ma ?

Je suis d'accord avec les clauses qui se rapportent au conditionnement
我 同意 关于 包装 的 交款
wǒ tóngyì guānyú (concernant) bāozhuāng de tiáokuǎn

Il faut négocier le montant, la proportion et le mode d'investissement entre les deux parties

必须 谈判 双 方 出资额, 出资比例,

bìxū tánpàn shuāng (deux) fāng chūzī'é, chūzī bǐlì,

出资 方式

chūzī fāngshì

La proportion pour les investisseurs étrangers dans une joint-venture représente généralement 25 %

外国 合营者 的 出资 比例 一般

wàiguó héyíngzhě de chūzī bǐlì yìbān (généralement)

为 25 %

wéi 25 %

Cela ne devrait pas poser de problème, nous avons déjà les capitaux

这 没 问题, 我们 已经 有 资金

zhè méi wèntí, wǒmen yǐjīng yǒu zījīn

Il faut verser 10 500 yuans d'arrhes

必须 付 一万五百 元 的 定金

bìxū fù yīwànwǔbǎi yuán de dìngjīn

Nous voulons payer par acomptes pour cette transaction / en euros

这次 交易，我们 要 采用 分期 付款 方式 /

zhècì jiāoyì, wǒmen yào cǎiyòng fēnqī fùkuǎn fāngshì /

用 欧元 付款

yòng ōuyuán fùkuǎn

Le montant total des marchandises que vous avez commandé est de 9 000 euros

你们 订购 的 这 批 货物 的 总额 为

nǐmen dìnggòu de zhè pī huòwù de zǒng'é wéi

九千 欧元

jiǔqiān ōuyuán

Pour une commande aussi importante, vous pouvez nous accorder une remise ?

对于 这 种 金额 大 的 订货，

duìyú zhè zhǒng jīn'é dà de dìnghuò,

您 能 给 折扣 吗？

nín néng gěi zhékòu ma ?

Si nous achetons 500 pièces, vous me faites quelle remise ?
如果　我们　买　五百　台，
rúguǒ (si) wǒmen mǎi wǔbǎi tái,
您　给　我　多少　折扣？
nín gěi wǒ duōshǎo zhékòu ?

Si je vous fais une remise de 1 %, ça vous va ?
给　您　百分之一　的　折扣，　可以　吗？
gěi nín bǎifēnzhīyī de zhékòu, kěyǐ ma ?

Si vous m’accordez une remise de 5 %, nous pouvons conclure l’affaire
如果　您　同意　给　百分之五　的　折扣，
rúguǒ nín tóngyì gěi bǎifēnzhīwǔ de zhékòu,
我们　可以　立即　成交
wǒmen kěyǐ lìjí chéngjiāo

Non, c’est mon dernier prix
不　同意，　已经　是　最　低　价格
bù tóngyì, yǐjīng shì zuì dī jiàgé

Arrhes	定金	dìngjīn
Clause	条款	tiáokuǎn
Commander	订购 ou 订货	dìnggòu dìnghuò
Conclure une transaction, une affaire	成交	chéngjiāo
Contrat	合同	hétong
Fournir des capitaux	出资	chūzī
Frais de gestion	管理费	guǎnlǐfèi
Frais de service	服务费	fúwùfèi
Mode de paiement	付款方式	fùkuǎn fāngshì
Montant total	总额	zǒng'é
Négociation	谈判	tánpàn
Paiement à la livraison	货到付款	huòdào fùkuǎn
Paiement par acomptes	分期付款	fēnqī fùkuǎn
Parts	比例	bǐlì
Régler, payer	付款	fùkuǎn
Remise	折扣	zhékòu
Signer et conclure	签订	qiāndìng
Transaction, marché	交易	jiāoyì

2. Réglementation

Nous respecterons les coûts et les délais de production
我们 会 保证 生产 的 成本 和
wǒmen huì bǎozhèng shēngchǎn de chéngběn hé
期限
qīxiàn

Nous avons conclu l'affaire, voici votre quittance des paiements acquis
我们 做成 了 交易，这 是 付款 收据
wǒmen zuòchéng le jiāoyì, zhè shì fùkuǎn shōujù

Nous nous chargeons du contrôle qualité des marchandises et des formalités de douane
我们 方 负责 检查 产品 质量 和
wǒmen fāng fùzé jiǎnchá chǎnpǐn zhíliàng hé
海关 手续
hǎiguān shǒuxù

Ces produits sont conformes aux normes de fabrication
这 些 产品 都 合乎 制造 标准
zhè xiē chǎnpǐn dōu (tous) héhū zhìzào biāozhǔn

Ces appareils sont conformes aux normes européennes

这 些 仪器 都 合乎 欧洲 标准

zhè xiē yíqì dōu héhū ōuzhōu biāozhǔn

Nous avons respecté la législation anti-pollution / les quotas d'importation

我们 遵守 了 反污染 立法 / 进口 限额

wǒmen zūnshǒu le fǎnwūrǎn lìfǎ / jìnkǒu xiàn'é

Anti-pollution	反污染	fǎnwūrǎn
Bon, formulaire	单	dān
Bon de commande	订单	dìngdān
Breveté	专利	zhuānlì
Certificat de qualité	合格证	hégézhèng
	(证，zhèng : certificat)	
Conforme	合格	hégé
	ou 合乎	héhū
Contrôle qualité	检查质量	jiǎnchá zhíliàng
Déclaration de douane	报关单	bàoguāndān
Douane	海关	hǎiguān
Facture	发票	fāpiào
Formalités	手续	shǒuxù
Législation	立法	lìfǎ
Lettre de change, mandat	汇票	huìpiào
Lettre de crédit	信用证	xìnyòngzhèng
Lettre de garantie	保证函	bǎozhènghán
Licence	许可证	xǔkězhèng
Licence d'importation	进口 许可证	
	jìnkǒu xǔkězhèng	

Mesures de sécurité	安全措施	ānquán cuòshī
Norme	标准	biāozhǔn
Norme de production	生产定额	shēngchǎn dìng'é
Police d'assurance	保险单	bǎoxiǎndān
Protection de l'environnement	环境保护	huánjìng bǎohù
Quota, norme	定额 ou 限额	dìng'é xiàn'é
Reçu, quittance	收据	shōujù
Respecter	遵守	zūnshǒu

PARTIE VI

LA PROMOTION

1. Publicité

Nous cherchons une agence de publicité mais notre budget est limité

我们　寻找　　一 家 广告　　公司，

wǒmen xúnzhǎo yī jiā guǎnggào gōngsī,

可是 广告　　预算　有　限

kěshì guǎnggào yùsuàn yǒu xiàn

Nous voudrions faire de la publicité dans les journaux gratuits

我们　想　　在 免费　　的 报纸　上　　做

wǒmen xiǎng zài miǎnfèi de bàozhǐ shàng zuò

广告

guǎnggào

Nous allons diffuser une publicité télévisée dans toute la Chine

我们　要　向　　全　　中国　　　播送　电视

wǒmen yào xiǎng quán zhōngguó bōsòng diànshì

广告

guǎnggào

Vous avez respecté le budget, mais la campagne publicitaire a eu peu d'effet

你们　遵守　了 广告　预算，　可是 宣传

nǐmen zūnshǒu le guǎnggào yùsuàn, kěshì xuānchuán

活动　的 效果　不 大

huódòng de xiàoguǒ bù dà

Les panneaux publicitaires ont attiré l'attention des consommateurs

广告牌　吸引 了 消费者　的 注意

guǎnggàopái xīyǐn le xiāofèizhě de zhùyì

Je suis très content, notre dernière campagne de publicité a trouvé un large écho

我 很　高兴，　新　宣传　活动　引起 很　大

wǒ hěn gāoxìng, xīn xuānchuán huódòng yǐnqǐ hěn dà

的 反响

de fǎnxiǎng

Affiche publicitaire	广告画	guǎnggàohuà
Agence de pub	广告公司	guǎnggào gōngsī
Budget	预算	yùsuàn
Campagne publicitaire	宣传 活动 xuānchuán huódòng	
Communication	传播	chuánbō
Echo, répercussion	反响	fǎnxiǎng
Journal	报纸	bàozhǐ
Média	媒体	méitǐ
Média interactif	交互式媒体	jiāohùshì méitǐ
Multimédia	多媒体	duōméitǐ
Panneau publicitaire	广告牌	guǎnggàopái
Promotion des ventes	促销	cùxiāo
Publicité	广告	guǎnggào
Radiodiffuser	播送	bōsòng
Relation média	媒体公关	méitǐ gōngguān
Réseau de communication	传播渠道	chuánbō qúdào
Stratégie publicitaire	广告 战略 guǎnggào zhànlüè	
Télévision	电视	diànshì

2. Exposition et Internet

Vous pouvez commander nos produits par Internet
您 可以 在 网络 上 订购 我们 的
nín kěyǐ zài wǎngluò shàng dìnggòu wǒmen de
产品
chǎnpǐn

Vous pouvez consulter nos derniers tarifs sur le site de l'entreprise
您 可以 在 公司 网站 上 查 产品 的
nín kěyǐ zài gōngsī wǎngzhàn shàng chá chǎnpǐn de
最 新 价格
zuì xīn jiàgé

Je vous ai envoyé un e-mail, vous ne l'avez par reçu ?
我 给 您 发送 了 一 封 电子 邮件,
wǒ gěi nín fāsòng le yī fēng diànzǐ yóujiàn,
您 没 收到 了 ?
nín méi shōudào le ?

Non, mais j'ai téléchargé le catalogue
de vos nouveaux produits
没 收到, 可是 我 下载 了 你们 新 产品 的
méi shōudào, kěshì wǒ xiàzài le nǐmen xīn chǎnpǐn de
目录
mùlù

Voici un catalogue de nos produits destinés à l'exportation
我 给 您 一 本 出口 产品 目录
wǒ gěi nín yī běn chūkǒu chǎnpǐn mùlù

Vous pouvez consulter notre catalogue de produits en langue française
您 可以 查 法语 的 产品 目录
nín kěyǐ chá fǎyǔ de chǎnpǐn mùlù

Nous voudrions participer au salon international de Shanghai
我们 想 参加 在 上海 举行 的 国际
wǒmen xiǎng cānjiā zài Shànghǎi jǔxíng de guójì
展览会
zhǎnlǎnhuì

Un grand nombre de nouveaux produits sont présentés à l'exposition
展览会 上 展出 很 多 新 产品
zhǎnlǎnhuì shàng zhǎnchū hěn duō xīn chǎnpǐn

Vous pouvez participer au salon qui se déroule chaque année en juin à Pékin
您 可以 参加 每年 六月 在 北京
nín kěyǐ cānjiā měinián liùyuè zài Běijīng
举行 的 展览会
jǔxíng de zhǎnlǎnhuì

Les droits d'inscription sont de 3 000 yuans par mois
注册费 为 每月 三千 元
zhùcèfèi wéi měiyuè sānqiān yuán

Je vous souhaite du succès, bonne chance !
祝 您 成功！
zhù nín chénggōng !

Catalogue	目录	mùlù
Catalogue des ventes	目录销售	mùlù xiāoshòu
Consulter	查	chá
Droits d'inscription	注册费	zhùcèfèi
E-mail	电子邮件	diànzǐ yóujiàn
Envoyer	发送	fāsòng
Exposer	展出	zhǎnchū
Exposition, salon	展览会	zhǎnlǎnhuì
Internaute	网民	wǎngmín
Internet	因特网	yīntèwǎng
Page Web	网页	wǎngyè
Participer	参加	cānjiā
Réseau Internet	网络	wǎngluò
Site Internet	网站	wǎngzhàn
Télécharger	下载	xiàzài
Vente en ligne	网络销售	wǎngluò xiāoshòu
Vente par correspondance	邮购	yóugòu